PROJET DE CONSTITUTION

DE LA

RÉPUBLIQUE FRANÇAISE

PAR

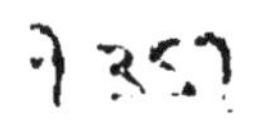

LAMENNAIS

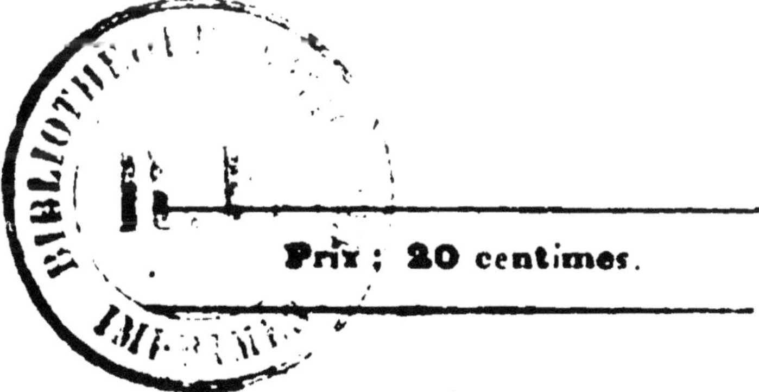

Prix : 20 centimes.

AU BUREAU DU PEUPLE CONSTITUANT
RUE MONTMARTRE, 154.

1848

Paris.—Typ. SCHNEIDER, rue d'Erfurth, 1.

PROJET DE CONSTITUTION

DE LA

RÉPUBLIQUE FRANÇAISE.

AU NOM DE DIEU,

En présence de l'humanité dans laquelle tous les peuples sont solidairement unis, comme les membres d'un même corps ;

LE PEUPLE FRANÇAIS déclare qu'il reconnaît des droits et des devoirs antérieurs et supérieurs à toutes les lois positives et indépendants d'elles.

Ces droits et ces devoirs, directement émanés de Dieu, se résument dans le triple dogme qu'expriment ces mots sacrés : *Egalité*, *liberté*, *fraternité*.

De la République.

ART. 1er.

La France est constituée en République démocratique.

ART. 2.

La République française est une et indivisible.

ART. 3.

La souveraineté réside dans le peuple tout entier : elle est une, indivisible, imprescriptible et inaliénable.

ART. 4.

La République est incompatible avec toutes distinctions de classes : elle ne reconnaît que des citoyens français tous frè-
s et égaux en droits.

De la division du territoire.

ART. 5.

Le territoire continental de la République est divisé en communes et départements.

ART. 6.

Chaque canton actuel forme une commune.

La commune se divise en autant de sections que le canton ancien renfermait de communes.

ART. 7.

Les colonies françaises sont parties intégrantes de la République et soumises à la même loi constitutionnelle.

De l'état des citoyens.

ART. 8.

Tout homme né et domicilié en France, âgé de 21 ans accomplis,

Ou né à l'étranger d'un Français et remplissant les mêmes conditions d'âge et de domicile;

Tout étranger âgé de 21 ans accomplis, qui, domicilié en France depuis 5 années,

Y vit d'un travail sédentaire,

Ou épouse une Française,

Ou adopte un enfant,

Ou nourrit un vieillard ;

Tout étranger enfin qui sera jugé par l'Assemblée nationale avoir bien mérité de l'humanité, est admis à l'exercice des droits de citoyen français.

ART. 9.

L'exercice des droits de citoyen se perd :

1° Par la naturalisation en pays étranger ;

2° Par l'acceptation de fonctions ou de service militaire à l'étranger sans autorisation du gouvernement ;

3° Par la condamnation à des peines infamantes ou afflictives, jusqu'à la réhabilitation.

ART. 10.

L'exercice des droits de citoyen est suspendu :

1° Par l'interdiction judiciaire ou par l'état de démence légalement constaté ;

2° Par l'état d'accusation ;

3° Par un jugement de contumace, tant qu'il n'est pas anéanti ;

4° Par la faillite non suivie de concordat ou d'excuse.

ART. 11.

Seront également privés de l'exercice

des droits de citoyen, les Français qui, à l'époque que la loi déterminera ultérieurement, n'auront pas reçu l'instruction primaire.

Des droits des Citoyens.

Art. 12.

La loi garantit à tous les citoyens la jouissance de tous les droits imprescriptibles de l'homme, l'égalité, la liberté, la sûreté, la propriété, l'éducation.

Art 13.

Tous les citoyens sont également admissibles aux emplois publics, sans autres motifs de préférence que la vertu et le talent.

Art. 14.

Chacun professe son culte avec une égale liberté.

Tous les cultes sont indépendants de l'Etat.

Il n'en salarie aucun, mais il les protége tous.

ART. 15.

Tous les citoyens ont le droit de manifester leur pensée et leurs opinions, soit par la voie de la presse, soit de toute autre manière.

Aucun écrit, soit périodique, soit autre, ne pourra être soumis à la censure, ni au timbre, ni au cautionnement.

ART. 16.

Tout citoyen a le droit d'enseigner, sous la surveillance de l'Etat.

ART. 17.

Tous les citoyens ont également le droit de s'associer et de s'assembler paisiblement et sans armes.

ART. 18.

Ils sont libres d'adresser aux autorités publiques des pétitions, soit individuelles, soit collectives.

ART. 19.

Toutes les libertés ci-dessus ne sont limitées que dans les choses qui porteraient atteinte à la conscience publique et aux fondements de la société.

Elles sont aussi soumises aux lois de police.

ART. 20.

La demeure de chaque citoyen est un asile inviolable.

Aucune visite domiciliaire ne peut être faite que dans les cas et selon les formes déterminés par la loi.

ART. 21.

Nul ne doit être accusé, arrêté, détenu,

jugé ni puni que dans les cas déterminés par la loi et selon les formes qu'elle a prescrites.

Art. 22.

La République française assure à tous les citoyens l'exercice de leur droit au travail ; aux vieillards, aux enfants, aux infirmes des moyens d'existence, et à tous des secours dans la maladie.

Art. 23.

Nul ne peut être privé d'aucune portion de sa propriété sans son consentement, si ce n'est lorsque l'utilité publique légalement constatée l'exige, et sous la condition d'une juste indemnité.

Art. 24.

L'Etat doit l'instruction à tous les citoyens.

Elle est gratuite à tous ses degrés.

De l'organisation de la République.

ART. 25.

Il y a dans chaque commune de la République une administration municipale, et dans chaque département une administration centrale.

ART. 26.

Le maire et le conseil municipal sont nommés par tous les habitants majeurs de la commune réunis en assemblée électorale comme il est dit ci-après.

ART. 27.

Leurs fonctions s'étendent uniquement aux intérêts particuliers et intérieurs de la commune.

Ils nomment les gardes champêtres et

autres employés utiles à la commune.

Ils délèguent dans chaque section de la commune un des membres du conseil municipal, chargé de la tenue des registres civils dans sa section et de la police locale.

ART. 28.

Le maire est chargé de l'exécution des arrêtés pris par le conseil municipal.

ART. 29.

L'administration communale établit chaque année son budget en recettes et dépenses.

A la fin de chaque année, le maire rend compte au conseil municipal de l'emploi des deniers de la commune. Il en est responsable devant les tribunaux.

ART. 30.

L'administration départementale et son président sont élus par les maires et les membres du conseil municipal de chaque commune, réunis au chef-lieu du département, sous la présidence du maire de ce chef-lieu.

ART. 31.

Son autorité et ses fonctions s'étendent uniquement aux intérêts particuliers et intérieurs du département.

Elle nomme à tous les emplois jugés utiles à sa bonne administration.

ART. 32.

Le président est chargé de l'exécution des arrêtés pris par le conseil départemental.

ART. 33.

L'administration départementale établit chaque année son budget en recettes et dépenses.

A la fin de chaque année, son président

rend compte au conseil de département de l'emploi des fonds départementaux. Il en est responsable devant les tribunaux.

Art. 34.

Les administrations communale et départementale sont nommées pour trois ans. Elles sont rééligibles.

Art. 35.

Elles publient le résultat de leurs délibérations.

Les comptes rendus par les administrations départementales sont imprimés.

Art. 36.

En cas d'absence ou d'empêchement, le président de l'administration communale ou départementale est remplacé dans ses fonctions par le membre du conseil inscrit le premier au tableau.

ART. 37.

Les actes de l'autorité communale contraires aux arrêtés de l'administration départementale ou aux ordres qu'elle aurait donnés ou transmis sont annulés par elle, sauf recours au conseil d'Etat.

ART. 38.

Dans le cas d'urgence, le pouvoir exécutif peut suspendre les autorités communales et départementales jusqu'à décision de l'Assemblée nationale.

De l'exercice de la Souveraineté du Peuple.

ART. 39.

L'élection des représentants du peuple français a lieu par le suffrage universel et direct.

Des Assemblées électorales.

ART. 40.

Les assemblées électorales se composent de tous les citoyens âgés de 21 ans accomplis, résidant dans la commune depuis six mois, et non judiciairement privés ou suspendus de l'exercice des droits civiques.

ART. 41.

Le bureau est présidé par le maire de la commune, à son défaut par le membre du conseil municipal inscrit le premier au tableau.

Les scrutateurs, au nombre de six, seront pris parmi les premiers conseillers municipaux, selon l'ordre du tableau.

Le président et les scrutateurs choisiront le secrétaire.

Dans les villes qui renferment plusieurs

communes, le nombre des scrutateurs sera complété, s'il y a lieu, par des citoyens que le conseil municipal désignera.

ART. 42.

La police de l'assemblée électorale appartient au président. Nulle force armée ne peut, sans sa demande, être placée dans l'intérieur ou aux abords de la salle.

ART. 43.

Le vote sera secret et aura lieu par scrutin de liste au chef-lieu de la commune.

Tout électeur écrira ou fera écrire son vote, soit dans l'assemblée, soit au dehors.

Chaque bulletin contiendra autant de noms qu'il y aura de représentants à élire dans le département.

ART. 44.

Le mode de voter de l'armée de terre et de mer est déterminé par une loi spéciale.

ART. 45.

Tout citoyen qui, chargé dans un scrutin du dépouillement des votes, sera surpris falsifiant les bulletins, ou en soustrayant de la masse ou y en ajoutant, sera puni de la dégradation civique.

Toutes autres personnes coupables des mêmes faits seront exclues des assemblées électorales et de toute fonction publique pendant vingt ans, et, en cas de récidive, pour toujours.

ART. 46.

Tout citoyen légalement convaincu d'avoir faussé ou tenté de fausser les élections, soit en votant deux fois, soit en vendant ou achetant un suffrage, est exclu des assemblées électorales et de toute fonction publique pendant vingt ans, et, en cas de récidive, pour toujours. Il sera de plus condamné à une amende double de la valeur des choses reçues ou promises.

De la Représentation nationale.

ART. 47.

La population est la seule base de la représentation nationale.

ART. 48.

Le nombre des votants doit s'élever au moins à la moitié des électeurs inscrits.

La commune où les électeurs se présenteraient en moindre nombre perdra, pour cette fois seulement, son droit de suffrage.

ART. 49.

La nomination se fait à la majorité relative des suffrages.

Nul ne pourra être nommé représentant du peuple, s'il ne réunit au moins le dixième des votes.

ART. 50.

Le dépouillement des suffrages se fera au chef-lieu de la commune, et le recensement au département.

ART. 51.

Après le recensement des votes, le président du bureau central et départemental proclame représentants du peuple, pour le nombre attribué au département, les candidats qui auront obtenu le plus de voix.

ART. 52.

En cas d'égalité de voix, le plus âgé est élu. En cas d'égalité d'âge , le sort décide.

ART. 53.

Si le nombre des représentants attribué

à chaque département n'est pas atteint, il sera procédé à des élections supplémentaires, huit jours après.

ART. 54.

Tout Français âgé de 25 ans, exerçant les droits de citoyen, est éligible dans l'étendue de la République, sans condition de cens ni de domicile.

ART. 55.

Aucun fonctionnaire public en exercice, excepté les membres des administrations communales et départementales, ne peut à la fois être représentant et conserver ses fonctions.

ART. 56.

Chaque représentant appartient à la nation entière.

Aucun mandat impératif ne peut lui être donné.

ART. 57.

Il reçoit une indemnité pécuniaire pendant la duré de la session.

Aucun représentant ne peut refuser cette indemnité.

ART. 58.

En cas de non-acceptation, double nomination, démission, déchéance ou mort d'un représentant, il est pourvu à son remplacement par les électeurs du département qui l'a nommé.

ART. 59.

Le peuple français est convoqué tous les trois ans pour procéder à l'élection d'une nouvelle Assemblée nationale, de manière qu'elle soit prête à remplacer la précédente à l'expiration de ses pouvoirs.

ART. 60.

Les représentants sont rééligibles.

De l'Assemblée nationale.

ART. 61.

L'Assemblée nationale est une, indivisible et permanente.

Elle peut se proroger.

ART. 62.

S'il est urgent qu'elle se réunisse avant l'expiration de sa prorogation, elle est convoquée par le pouvoir exécutif.

ART. 63.

Sa session est de trois ans.

ART. 64.

L'Assemblée nationale vérifie les pouvoirs de ses membres et statue souverainement sur la validité des élections.

ART. 65.

Elle ne peut se constituer si elle n'est composée au moins de la moitié des représentants plus un.

ART. 66.

Les représentants du peuple sont inviolables. Ils ne peuvent être recherchés, accusés, ni jugés en aucun temps pour ce qu'ils auront dit, écrit, ou fait dans l'exercice de leurs fonctions.

ART. 67.

Ils pourront, pour faits criminels, être saisis en flagrant délit ; mais le mandat d'arrêt ni le mandat d'amener ne pourront être délivrés contre eux qu'avec l'autorisation de l'Assemblée nationale, hors le temps de prorogation.

ART. 68.

L'Assemblée nationale est divisée en sections correspondant à chaque branche du service public, savoir : la section de l'intérieur ; la section des relations extérieures ; la section de la guerre; la section de la marine et des colonies ; la section de la justice ; la section de l'agriculture , de l'industrie et du commerce ; la section du travail et des travaux publics ; la section des finances ; la section de l'instruction publique, et la section des secours publics, comprenant les établissements de bienfaisance, hôpitaux, hospices, etc.

Tenue des séances de l'Assemblée nationale.

Art. 69.

Les séances de l'Assemblée nationale sont publiques et les procès-verbaux de ses séances sont imprimés.

Art. 70.

L'Assemblée nationale pourra cependant, en toute occasion, se former en comité secret.

Cette décision sera prise à la majorité des voix, comme toutes celles de l'Assemblée.

ART. 71.

Elle ne peut délibérer, si elle n'est composée de 400 membres au moins.

ART. 72.

Elle ne peut refuser la parole à ses membres dans l'ordre où ils l'ont réclamée.

ART. 73.

Le vote n'est jamais secret.

Toute délibération se prend par assis et levé, et, en cas de doute, par l'appel nominal.

ART. 74.

L'Assemblée nationale a le droit de discipline sur ses membres, mais elle ne peut prononcer de peine plus forte que la censure, les arrêts pour huit jours et la prison pour trois.

ART. 75.

La police lui appartient dans le lieu de ses séances et dans l'enceinte extérieure qu'elle a déterminée.

ART. 76.

Sa sûreté et sa liberté sont protégées par la garde nationale.

Des fonctions de l'Assemblée nationale.

ART. 77.

L'Assemblée nationale rend, sous le titre de *Lois et décrets*, toutes les décisions, soit d'intérêt général et permanent, soit d'intérêt transitoire et local hors des attributions des administrations communales et départementales.

Art. 78.

Elle statue notamment sur l'établissement et l'administration générale des revenus et des dépenses ordinaires de la République ;

Sur les dépenses imprévues et extraordinaires ;

Sur la déclaration de guerre ; en ce dernier cas, la délibération est secrète et ne peut se prolonger plus de trois jours;

Sur la ratification des traités;

Sur la mise en accusation du pouvoir exécutif, et des commandants en chef des armées de terre et de mer;

Sur la mise en accusation des prévenus de complots contre la sûreté générale de la République.

De la formation de la loi.

ART. 79.

Le pouvoir exécutif, en conseil des ministres, présente les lois.

ART. 80.

Le droit d'initiative, pour la proposition des lois et décrets, appartient également à chaque représentant.

ART. 81.

Les projets de lois sont préparés par le conseil d'Etat et précédés d'un rapport.

ART. 82.

Il sera fait trois lectures du projet à huit jours d'intervalle chacune.

ART. 83.

La discussion sera ouverte après chaque

lecture; néanmoins, après la première ou la deuxième lecture, l'Assemblée nationale pourra décider qu'il y a lieu à l'ajournement, ou qu'il n'y a pas lieu à délibérer.

Tout projet de loi doit être imprimé et distribué deux jours avant la seconde lecture.

Après la troisième lecture, l'Assemblée nationale décide s'il y a lieu ou non à l'ajournement.

Tout projet de loi qui, soumis à la discussion, aura été rejeté après la troisième lecture, ne pourra être représenté pendant la même session.

Art. 84.

Sont exceptées des formes prescrites ci-dessus, les propositions reconnues urgentes par une déclaration préalable de l'Assemblée nationale.

Cette déclaration énonce les motifs de

l'urgence et il en est fait mention dans le préambule de la loi ou du décret qu'elle concerne.

ART. 85.

Les projets adoptés par l'Assemblée nationale deviennent lois.

ART. 86.

Les lois sont exécutoires après leur promulgation par affiches et par l'insertion au *Bulletin des lois*.

De l'intitulé des lois, décrets et actes publics.

ART. 87.

Les lois, les décrets, les jugements et tous les actes publics sont intitulés : Egalité, liberté, fraternité.—République française. — Au nom du peuple français.

Du pouvoir exécutif.

Art. 88.

Le pouvoir exécutif est délégué par le peuple français à un seul qui a le nom de Président de la République française.

Art. 89.

Le Président de la République française est nommé par le peuple entier, selon les mêmes formes que les représentants du peuple et, comme eux, à la simple majorité relative.

Art. 90.

Nul ne pourra être élu Président s'il n'est âgé d'au moins 40 ans.

Art. 91.

Le Président de la République est nommé pour trois ans.

Il reçoit un traitement annuel de 500,000 fr.

ART. 92.

Il est chargé de l'exécution des lois et de la direction et surveillance de l'administration générale tant à l'intérieur qu'à l'extérieur de la République.

ART. 93.

Il nomme les ministres, égaux en nombre et correspondant aux sections de l'Assemblée nationale. Ils doivent tous être choisis parmi les représentants du peuple.

Il a le droit de les révoquer.

ART. 94.

L'Assemblée nationale délègue deux de ses membres près de chaque ministre. Ils forment son conseil avec voix simplement consultative.

Ils ne siégent point dans le conseil des ministres.

ART. 95.

Le Président de la République nomme, sur la présentation de chaque ministre, aux emplois non électifs du service administratif, dépendants de son ministère.

ART. 96.

Il nomme notamment un commissaire près de chaque administration communale et départementale, et un commissaire près de chaque tribunal pour assurer l'exécution des lois.

ART. 97.

Les différents fonctionnaires et agents sont révoqués et remplacés de la même manière qu'ils ont été nommés.

ART. 98.

Le Président de la République a le droit de commutation et de grâce, excepté en cas de mise en accusation pour attentats à la sûreté de l'Etat et pour prévarication des fonctionnaires publics.

ART. 99.

Les lettres de grâce, avant de sortir leur effet, doivent être enregistrées, après examen, à la Cour suprême.

ART. 100.

Il ne peut avoir de commandement militaire pendant la durée de ses fonctions.

ART. 101.

En cas d'hostilités imminentes ou commencées, de menaces ou de préparatifs de guerre contre la République, le président est tenu de prendre les mesures nécessaires en ces circonstances, à la charge d'en prévenir sans délai l'Assemblée nationale.

ART. 102.

Le Président réside au siége du gouvernement et ne peut sortir du territoire de la République sans autorisation de l'Assemblée nationale.

ART. 103.

Dans le cas où passagèrement il serait hors d'état de remplir ses fonctions, l'Assemblée nationale nomme d'urgence un des ministres pour le remplacer.

ART. 104.

Le Président ne peut être réélu qu'après l'intervalle d'une session au moins.

ART. 105.

Chaque ministre dirige, sous sa responsabilité, le service public qui lui est confié.

ART. 106.

Ils donne à cet effet tous les ordres nécessaires.

ART. 107.

Toutes les questions de haute administration et de gouvernement concernant le pouvoir exécutif à l'intérieur et à l'extérieur sont discutées avec le Président par les ministres réunis en conseil.

ART. 108.

Le Président entretient les relations politiques au dehors, conduit les négociations, fait les stipulations préliminaires, signe, fait signer, et conclut tous les traités de paix et d'alliance, de trêve, de neutralité, de commerce et autres conventions.

ART. 109.

Les déclarations de guerre et les traités

de paix, d'alliance et de commerce sont soumis à l'Assemblée nationale, discutés, décrétés et promulgués comme les lois.

ART. 110.

Tous autres traités sont simplement soumis à la ratification de l'Assemblée nationale.

ART. 111.

Les articles secrets que contiendraient les traités sont, comme les déclarations de guerre, discutés par l'Assemblée nationale, formée en comité secret.

ART. 112.

Une loi spéciale rendue pendant la durée de la première session, déterminera le cas de responsabilité du Président de la République, des ministres et autres fonctionnaires publics, et les peines y applicables.

ART. 113.

Le Président, en cas de forfaiture, sera mis en accusation par l'Assemblée nationale.

Il sera jugé par la haute Cour de justice.

L'Assemblée nationale nommera des commissaires pour soutenir l'accusation.

ART. 114.

Pendant le jugement, l'Assemblée nationale pourvoira à son remplacement provisoire.

ART. 115.

Les ministres seront jugés de la même manière.

Des relations du pouvoir exécutif avec l'Assemblée nationale.

ART. 116.

Le Président de la République réside

auprès de l'Assemblée nationale. Il a l'entrée et une place séparée dans le lieu des séances.

ART. 117.

Il est, sur sa demande, toujours entendu.

ART. 118.

L'Assemblée nationale l'appelle dans son sein, lorsqu'elle le juge convenable.

ART. 119.

Il présente chaque année par écrit, à l'Assemblée nationale, un exposé de l'état général des affaires de la République.

Du conseil d'Etat.

ART. 120.

Il y a un conseil d'Etat.

Ses membres sont nommés pour trois

ans par l'Assemblée nationale, et choisis hors de son sein.

Elle peut les révoquer.

La loi en fixe le nombre.

Ils sont rééligibles.

ART. 121.

Les administrations départementales présentent des candidats hors desquels, cependant, l'Assemblée nationale peut choisir.

ART. 122.

Il prépare les lois.

ART. 123.

Les lois préparées par le conseil d'Etat sont transmises à la section de l'Assemblée nationale dans l'attribution de laquelle elles rentrent.

La section nomme un rapporteur qui les présente à l'Assemblée nationale.

ART. 124.

Deux membres du conseil d'Etat assistent à la discussion de la loi pour la soutenir.

ART. 125.

A la demande des ministres, le conseil d'État donne son avis sur les mesures administratives.

ART. 126.

Il statue, comme tribunal administratif, ainsi qu'il sera dit ci-après.

De la justice.

ART. 127.

La justice se divise en justice civile, justice criminelle et justice administrative.

ART. 128.

Le Code des lois civiles et criminelles

est uniforme pour toute la République, excepté les colonies soumises à un régime transitoire.

ART. 129.

Dans l'administration de la justice, le jury est de droit fondamental.

De la justice civile.

ART. 130.

Il ne peut être porté aucune atteinte au droit qu'ont les citoyens de faire prononcer sur leurs différends par des arbitres de leur choix.

ART. 131.

Il y a dans chaque commune un juge de paix et deux assesseurs élus par l'assemblée électorale de la commune.

ART. 132.

Le juge de paix concilie sans frais.

ART. 133.

Il juge avec ses assesseurs sur procédure sommaire.

Le tribunal de commune porte le nom de tribunal de paix.

ART. 134.

Il y a pour chaque département un tribunal composé de 20 membres au moins.

ART. 135.

Les membres de ce tribunal sont élus par l'assemblée électorale du département.

ART. 136.

Le tribunal de département statue comme tribunal d'appel sur les jugements du tribunal de paix.

Il statue aussi comme tribunal du premier degré.

ART. 137.

Chaque tribunal de département statue comme tribunal d'appel sur les jugements du tribunal du département le plus voisin. Dans ce cas, les jugements sont rendus par deux chambres réunies.

ART. 138.

Les délibérations des tribunaux sont secrètes.

ART. 139.

Tous les jugements sont motivés.

ART. 140.

La loi réglera la compétence de chaque juridiction ;

Elle déterminera la nature et les attributions des tribunaux de commerce, des prud'hommes, et autres juridictions spéciales.

Art. 141.

Les juges des tribunaux de paix et de département sont nommés pour trois ans.

Art. 142.

La justice, à tous ses degrés, est gratuite pour le pauvre.

La loi réglera les détails de cette disposition.

Art. 143.

Le principe du jury sera introduit dans l'administration de la justice civile.

Les jurés seront chargés de résoudre les questions d'équité que les tribunaux pourront leur soumettre.

En ce cas la décision du jury modifie le droit strict.

De la justice criminelle.

ART. 144.

Chaque tribunal de commune remplira la fonction de tribunal correctionnel.

L'appel sera porté au tribunal criminel du département.

ART. 145.

Le tribunal criminel est composé de trois membres du tribunal départemental désignés, pour chaque session, par le ministre de la justice, du commissaire du pouvoir exécutif et d'un greffier.

Il siége au chef-lieu du département.

Art. 146.

Il y a près de chaque tribunal criminel un jury d'accusation et un jury de jugement.

Art. 147.

En matière de grand criminel, nul, hors le cas d'accusation décrétée par l'Assemblée nationale, ne peut être jugé que sur l'accusation admise par les jurés.

Art. 148.

Aucune accusation, aucune condamnation ne peut être prononcée qu'à la majorité des deux tiers des voix.

Art. 149.

Le fait et l'intention sont déclarés par le jury de jugement. La peine est appliquée par le tribunal criminel sur le réquisitoire du commissaire du pouvoir exécutif.

Art. 150.

Hors les cas de grand criminel, la loi déterminera ceux où les tribunaux pourront ordonner la détention préalable.

ART. 151.

La peine de mort est abolie en matière politique.

La législation doit tendre à l'abolir également en matière criminelle dans le plus bref délai possible.

De la justice administrative.

ART. 152.

Le conseil départemental constitue le tribunal administratif du premier degré.

Il statue sur toutes les difficultés administratives qui peuvent s'élever soit entre un citoyen et une commune, soit entre plusieurs communes du même département.

ART. 153.

Le conseil d'Etat statue sur appel des décisions du conseil départemental.

ART. 154.

Il statue également sur les difficultés administratives soit entre un citoyen et un département, soit entre communes de départements différents, soit entre deux départements et sur toutes matières d'administration que la loi déterminera.

De la Cour suprême.

ART. 155.

Il y a pour toute la République une cour suprême chargée de la garde de la constitution, de l'interprétation des lois et de leur application uniforme, sans juger le fond des affaires.

Elle juge aussi souverainement les conflits de juridiction.

ART. 156.

Les membres de cette cour sont nommés tous les trois ans par tous les membres des tribunaux communaux et départementaux, votant par scrutin de liste au chef-lieu du département.

Le dépouillement final se fait au siége du gouvernement.

ART. 157.

La loi fixe le nombre des conseillers de la cour suprême.

ART. 158.

Al'expiration de leurs fonctions, ils peuvent être réélus, ainsi que tous autres magistrats.

Haute cour nationale.

ART. 159.

Une haute cour de justice est formée pour juger les accusations admises par l'Assemblée nationale, soit contre ses propres membres, soit contre le pouvoir exécutif, soit contre tous autres.

Elle porte le nom de haute cour nationale.

ART. 160.

Tous les présidents des tribunaux de départements présidés par celui de la cour suprême, et à son défaut par le membre de la même cour inscrit le premier au tableau, remplissent les fonctions de juges de la haute cour nationale.

Les présidents des administrations départementales remplissent les fonctions de jurés.

ART. 161.

La haute cour nationale ne se forme qu'en vertu d'une proclamation de l'Assemblée nationale.

Des contributions publiques.

ART. 162.

L'impôt est progressif.

ART. 163.

Il est voté chaque année par l'Assemblée nationale.

ART. 164.

L'Assemblée nationale fait la répartition des impôts directs entre les départements;

L'administration départementale entre les communes;

L'administration communale entre les citoyens.

ART. 165.

Le pouvoir exécutif dirige et surveille la perception et le versement des contributions, et donne à cet effet les ordres nécessaires.

ART. 166.

Chaque année le ministre des finances présente à l'Assemblée nationale le budget des recettes et dépenses.

Aucune dépense excédant le budget ne peut être faite sans autorisation préalable de cette Assemblée.

Cour des comptes.

ART. 167.

Il existe pour toute la République une cour des comptes.

Elle est chargée de vérifier la comptabilité générale de la République.

Les comptes de recettes et de dépenses sont en outre contrôlés par l'Assemblée nationale.

ART. 168.

Les membres de la cour des comptes sont nommés pour trois ans par l'Assemblée nationale et choisis hors de son sein.

Elle peut les révoquer.

La loi en fixe le nombre.

Ils sont rééligibles.

Du crédit public.

ART. 169.

En vue de la réduction de l'impôt, de la prospérité de l'agriculture, de l'industrie et du commerce, et de la commandite du travail, le crédit public sera organisé sur de larges bases.

Des forces de la République.

ART. 170.

La force générale de la République est composée du peuple entier et se divise en armée active et garde nationale.

ART. 171.

La République entretient à sa solde,

même en temps de paix, une armée de terre et de mer.

ART. 172.

L'armée de terre se recrute par enrôlements volontaires et par le tirage au sort.

ART. 173.

La loi statuera sur le remplacement.

ART. 174.

La garde nationale se compose de tous les citoyens en état de porter les armes, qui ne font pas partie de l'armée active.

ART. 175.

L'armée de terre et de mer est soumise à des lois particulières pour la discipline, la forme des jugements et la nature des peines.

ART. 176.

Il n'y a point de généralissime.

ART. 177.

La force publique employée pour maintenir l'ordre et la paix à l'intérieur, n'agit que sur la réquisition par écrit des autorités constituées.

ART. 178.

La force publique employée contre les ennemis du dehors agit sous les ordres du pouvoir exécutif.

ART. 179.

La force publique ne peut être requise par les autorités civiles que dans l'étendue de leur territoire.

ART. 180.

En cas de danger imminent, l'administration municipale d'une commune peut requérir la garde nationale des communes voisines.

L'administration qui a requis est tenue d'en avertir immédiatement l'administration départementale.

ART. 181.

Nul corps d'armée ne peut délibérer.

ART. 182.

Aucune troupe étrangère ne peut être introduite sur le territoire français, sans le consentement préalable de l'Assemblée nationale.

ART. 183.

Le principe de l'élection sera introduit

dans l'armée de terre et de mer, au degré et selon les formes que la loi déterminera.

De la révision de la Constitution.

ART. 184.

Aucune révision de la Constitution ne pourra avoir lieu pendant la durée de la première Assemblée nationale.

ART. 185.

Pendant la seconde session, tout représentant pourra demander la révision d'un ou de plusieurs articles de la Constitution.

Cette proposition ne sera prise en considération qu'à la majorité des deux tiers des membres de l'Assemblée nationale.

ART. 186.

Si la proposition est faite et admise durant le cours de la seconde session, l'Assemblée nationale, avant de se dissoudre, votera de nouveau de la même manière sur la prise en considération.

ART. 187.

Si la proposition est prise en considération une seconde fois, il en sera fait mention dans la convocation des assemblées électorales.

ART. 188.

La nouvelle Assemblée nationale ne pourra prononcer la réforme demandée qu'à la majorité des deux tiers au moins des membres de l'Assemblée nationale.

Le dépôt de la Constitution, loi sacrée de la vie nationale, est confié au patriotisme de tous les Français.

FIN.

www.ingramcontent.com/pod-product-compliance
Ingram Content Group UK Ltd.
Pitfield, Milton Keynes, MK11 3LW, UK
UKHW021004180726
13838UKWH00003B/1443